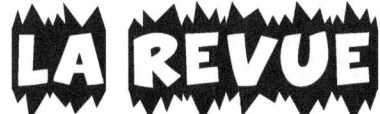

Rrose Sélavy est une revue artistique et thématique à parution aléatoire. Chaque numéro explore un thème déterminé par le comité éditorial et proposé aux différents auteurs et d'artistes par le biais d'appel à contributions.

Le projet de cette revue est de mettre en lumière des artistes contemporains et de créer un objet imprimé constitué de productions originales et de qualité, tant littéraires que graphiques.

Le thème qu'interroge la revue permet de prendre en compte les divers regards et les diverses lectures afin d'appréhender le monde dans sa diversité et donc dans sa richesse. <u>Rrose Sélavy</u> décline essais, poésie, nouvelle, bande dessinée, graphismes, photographies…

Rrose Sélavy est un personnage féminin fictif créé par l'artiste français Marcel Duchamp en 1920. Le nom choisi évoque la phrase « Éros, c'est la vie ». À partir de 1922, Robert Desnos reprend le personnage à son compte lors de séances de sommeil hypnotique qu'il pratique alors avec le groupe surréaliste et invente des aphorismes souvent en forme de contrepets approximatifs, poétiques et érotiques.

Pour info...

« 24. Croyez-vous que Rrose Sélavy connaisse ces jeux de fous qui mettent le feu aux joues ? »

BASSIN

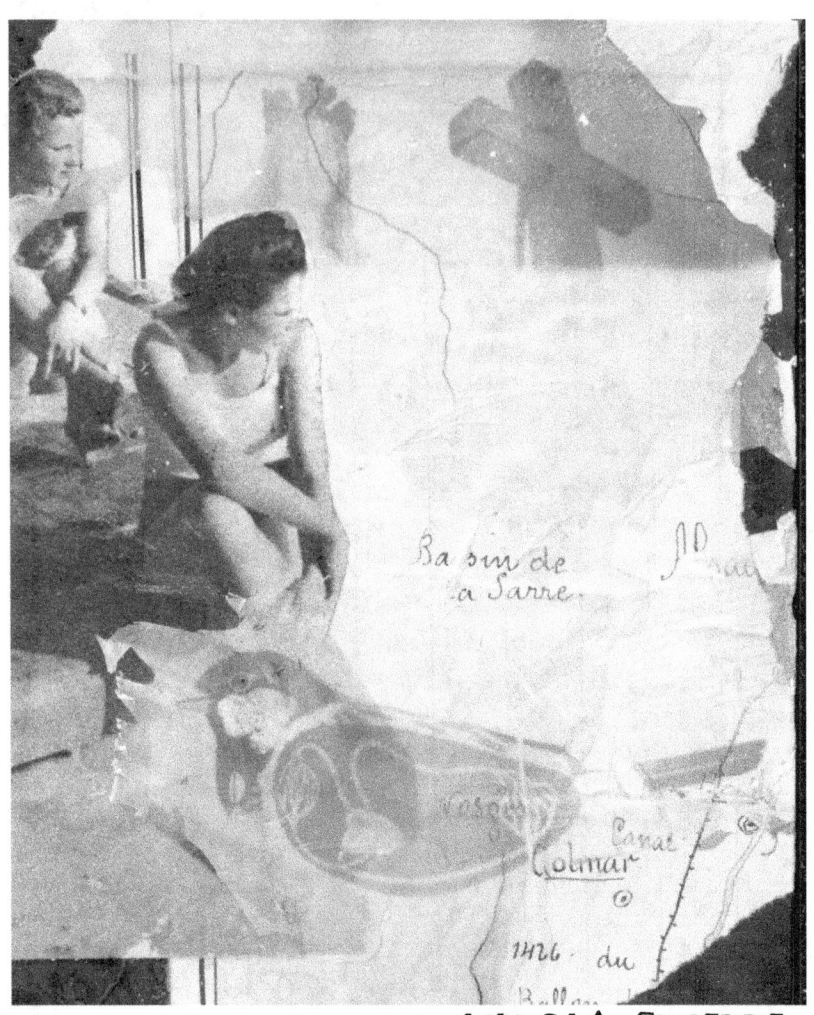

LILI PLASTICIENNE

« La vie est un court exil »
PLATON

Ce mot recouvre multiples lectures et connote plusieurs motifs : Identité, bannissement, éloignement, départ, expulsion, isolement, déracinement, étranger, nostalgie, tourment, double, voyage, richesse, amour, passion, bonheur, découverte, existence, mort, rêve,...

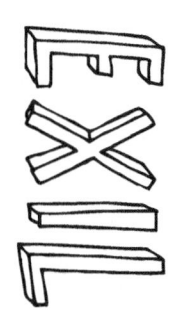

Du latin **ex(s)ilium** « bannissement, lieu d'exil », le terme a évolué en vieux français vers le mot **« exill »** signifiant « détresse, malheur, tourment » et « bannissement ».

MON EXIL À PERPÉTUITÉ

Longtemps, je n'ai pas su que j'étais en exil. Et si quelqu'un m'avait parlé d'exil j'aurais nié. « Toi, peut-être, moi non. » J'ai quitté mon pays natal, l'Algérie sans regret. Aucune nostalgie.

Je n'entendrais plus les bombes de l'OAS, l'organisation terroriste de l'Armée Secrète contre l'indépendance de l'Algérie, l'OAS, qui s'opposait au départ des Pieds-noirs, qui assassinait les militants et les combattants de la Libération Nationale. Je serais seule de l'autre côté de la mer, je serais libre. Je ne serais plus enfermée, séquestrée involontaire, dans la maison d'école et derrière les hauts murs des lycées à Blida et à Alger.

Je serais dans le pays de ma mère, la France, ce pays qui se réduisait, dans le bonheur de l'enfance, à la Dordogne natale de ma mère, vacances de l'été, avec rivières et prés verts, et bois de châtaigniers et récoltes de noix...

De l'Algérie natale à la France maternelle, je n'étais pas en exil.

Ce n'est pas la même terre.

D'un côté des koubbas, les mausolées des Saints musulmans de Tlemcen, Ténès, les Hauts Plateaux de Nora Aceval, ma sœur étrangère, fidèle conteuse, belle comme les femmes du Sud photographiées avec patience et passion par des amoureux de l'Orient, Nora, vivante, rieuse qui me donne à vivre une Algérie inconnue, comme les « journaliers » de l'excentrique fugueuse Isabelle Eberhardt de Suisse en Algérie, un exil heureux et fécond, à cheval à travers le territoire des nomades, déguisée en cavalier arabe, récitant les poèmes du désert dans la langue du pays qui l'adopte et lui offre sa religion...

De l'autre côté, des villages et toujours une église, la flèche d'un clocher, en écho à l'appel du muezzin, l'appel aux vêpres autour du lieu de culte, les petits cimetières emmurés, des croix qui se haussent, et non loin de la maison dans les bois, le lavoir où vont les femmes, le linge déborde de la brouette, elles battent les draps à coup de bras comme les femmes outremer battent les tapis à la force de leurs pieds dans l'oued.

Je ne suis pas en exil.

Je suis du pays de mon père, je suis du pays de ma mère.

J'aime les paysages de steppe, vignes, orangers bordés de cyprès, oliviers et les eucalyptus et les figuiers...

J'aime les paysages de moissons, labours, champs de tabac, bois de chênes, les places de village et les cafés où jouent les hommes, ils deviendront riches.

Je ne suis pas en exil.

Ce n'est pas la même terre. Il y a deux langues d'un côté, une langue de l'autre côté.

Le déplacement géographique de l'un à l'autre pays n'est pas un exil. Le pays de ma mère est le pays de ma langue maternelle, ma langue de naissance, celle que j'ai entendue dans le ventre vivant de ma mère. Un ventre maternel est un pays. Comme une bibliothèque la matrice des livres. Alors je lis dans les salles de la Bibliothèque Nationale de France, rue de richelieu à Paris, des livres oubliés où j'entends la voix des nègres et des négresses que des Barbares enlèvent pour le travail forcé dans les plantations de l'Amérique et de la Caraïbe. Ils seront esclaves, en exil jusqu'à la mort, esclaves pour toujours. Pourquoi je les écoute comme des frères, comme des sœurs ? Arrachés au paysage, aux ancêtres, à la langue. Seront-ils, un jour, des hommes et des femmes en colère ? Je le crois.

Je serais en exil comme ces esclaves du commerce négrier ? Je serais en exil comme ces hommes et ces femmes loin des Hauts Plateaux, des montagnes et des plaines, des villages pauvres outre-mer ? Je les vois, je les cherche, je les écoute dans le pays de ma mère où les paroles étrangères dans les squares, les places sous les platanes, les cafés-tabacs PMU Loto, les corons près de la mine, et les cités à la périphérie toujours, ces paroles que j'entends, je ne les comprends pas, ces paroles sont la voix arabe de mon père...

Alors je sais que la langue de mon père, l'arabe de l'étranger bien-aimé, mon père, me manque, m'a manqué, me manquera jusqu'à ma mort, silence irrémédiable. Je sais que le silence de l'arabe de mon père est mon exil.

Exil perpétuel. Comme une peine à perpétuité. Alors j'écris.

Je ne cesse d'écrire dans ma cellule.

LEÏLA SEBBAR (Paris, janvier 2016)

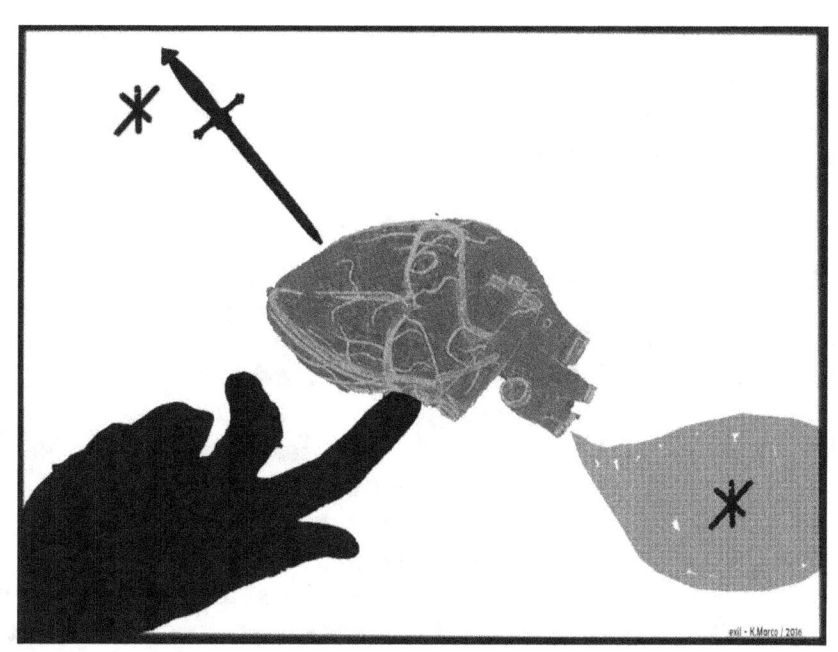

K MARCO

QUELQUES PIERRES DE CHEMIN SUR MON ÎLE

Dans ma poche trouée
Un gros fil à trois brins
une cordelette
En faire une corde à nœud pour remonter le ciel
de quelques enjambées

Une vieille femme dans la neige
Fait des traces de biches

Sur son dos
Une fourrure d'hermine

Elle va vers un sous-bois
Le temps s'étire devant elle

Je ne sais pas où aller
Je la suis
Pourtant

MURIEL CARRUPT

J'ai croisée tant de gens
Des éléphants
De grandes herbes
Des libellules
Des géants sans une seule dent
Des airs de rien
Des miettes de pains
Des magiciens
Des guerriers bien peu sages
Des rois justes de passage
Des femmes courbées
Des enfants faits
D'épice de blé
Des chiens aux poils forêt
Des arbres aux feuilles serrées
Des demoiselles aux pieds tout bleus
Dans les recoins d'un vert jardin
Et je suis arrivée
À la même place

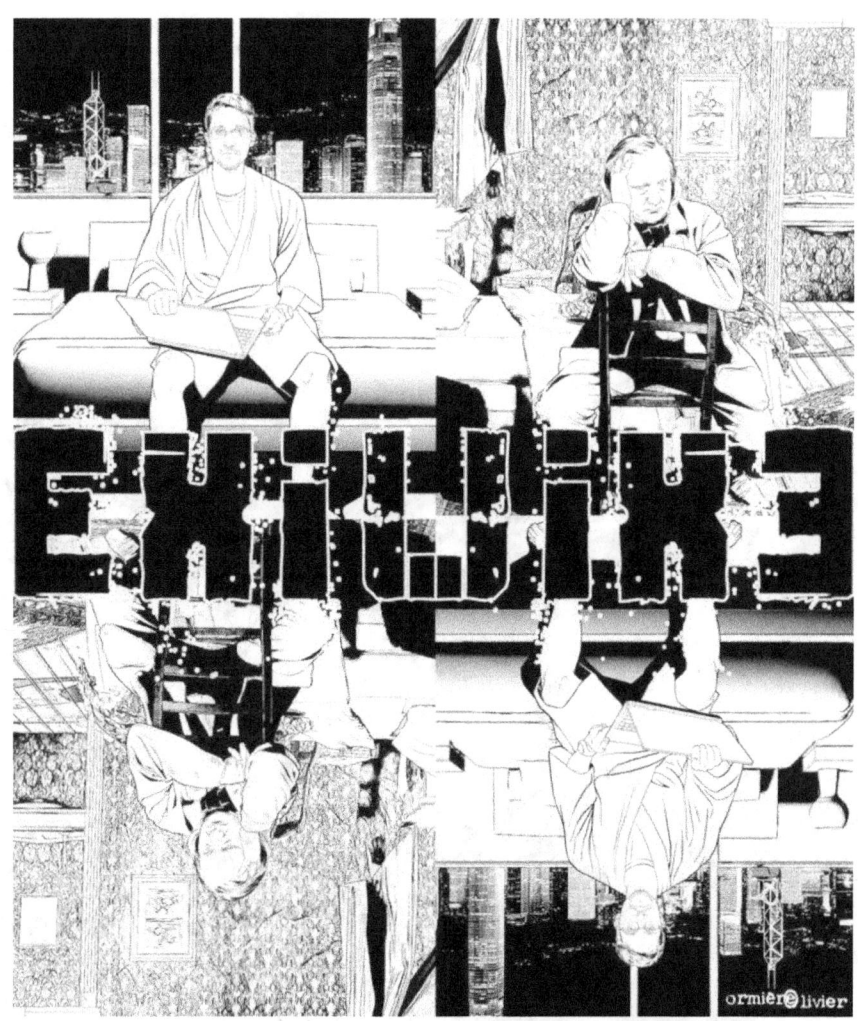

EXIL
LAURENCE SKIVEE

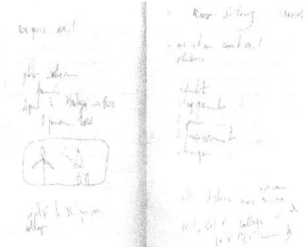

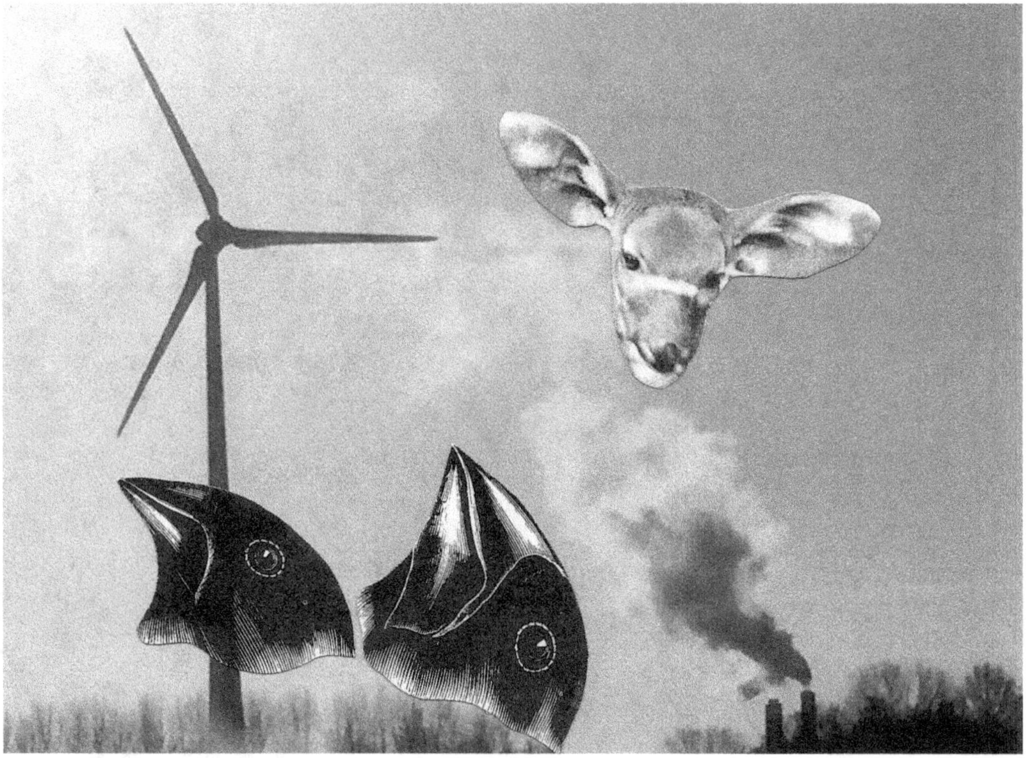

CONNAUGHT

Y revenir, toujours. Il se pencha à la fenêtre de sa chambre, des éclats de voix descendaient du toit. Comme chaque soir, les «blancs» se réunissaient sur la terrasse. Dans toutes les pensions d'Asie, c'était le même rituel. Ce soir la discussion était animée, l'herbe aiguisait les rires et les regards. Il gravit les marches et s'assit un peu à l'écart du groupe. Après toutes ces années, que cherchait-il encore ici ? Soudain il reconnut l'accent, un jeune français fraîchement débarqué monopolisait l'attention. Il n'avait vu l'Inde qu'à travers les vitres du bus de l'aéroport mais déjà il savait... Il aurait voulu le prévenir, ici la vie est plus forte, la drogue est plus dure, tais-toi et regarde, on ne peut pas comprendre... Mais chaque fois c'était inutile et l'herbe poursuivait lentement son travail. C'était les mêmes qu'on retrouvait au petit matin apeurés et hagards, n'osant sortir de leur lit. Les mêmes qu'on accompagnait au guichet des compagnies aériennes, retour à l'envoyeur... Il se leva et croisa le regard du jeune homme, celui-là n'échapperait pas à la règle, trop bavard, trop défoncé, la descente serait terrible.

A Connaught place, il entra dans un des hôtels

luxueux qui bordent la place et commanda une bière locale. Tout était bouleversé. La cohue était la même mais les banquiers avaient remplacé les nettoyeurs d'oreille. Delhi était devenue inhumaine, la mondialisation avait tout emporté sur son passage. Il héla un rickshaw et lui indiqua la direction du Red Fort à Old Delhi. Le quartier était toujours fréquenté par les rares touristes cultivés et les derniers toxicomanes, en transit entre Goa et Katmandou. Il arrêta le chauffeur devant la « Sunny Guest House » et monta sur la terrasse. Là aussi quelques occidentaux paressaient sur le toit mais ce n'était pas le même profil. Décharné, les yeux clos, il reconnut S. Il s'approcha et toucha délicatement son bras. S. ouvrit les yeux.

« - Quel bonheur... Tu es toujours fidèle au rendez-vous. »

- Comment vas-tu ?

- Oh c'est toujours la même histoire, beaucoup de dope et peu d'espoir... »

Cette vieille histoire... « No Dope, No Hope », c'était ce que S. avait tatoué sur son bras, juste au-dessus de la pliure.

« ...Tu restes longtemps à Delhi ?

- Assez pour passer la soirée avec toi. Viens, je te paye le restaurant français à Connaught, chez les nouveaux riches.

- Tu es gentil mais je préfère rester sur ma terrasse, tu sais je n'ai plus beaucoup d'appétit. Ce que j'aimerais c'est que tu prennes un siège et que tu me racontes un peu Paname. Souvent je pense à rentrer moi aussi, mais maintenant c'est trop tard. »

Trop tard, après toutes ces années son corps vivait grâce à l'héroïne. Aucun sevrage n'était envisageable, arrêter c'était mourir. Impossible de s'envoyer de telles doses en France, à moins d'être millionnaire. Il était coincé ici, il s'éteignait doucement en brulant les cristaux dans sa cuillère.

« - Tu as raison, on va rester tranquille et regarder les étoiles illuminer le Fort.

S. eut un sourire de contentement.

« - Si tu veux partager le paquet comme au bon vieux temps, j'ai des seringues propres. »

Il mit la main sur son épaule fragile, prit le paquet et se dirigea vers la salle d'eau. Comme au bon vieux temps.... Y revenir, toujours. Dans le rickshaw qui le ramenait à Connaught, il regardait Old Delhi devenir New Delhi.

STÉPHANE ANTONI

LE VENT L'EMPORTERA...

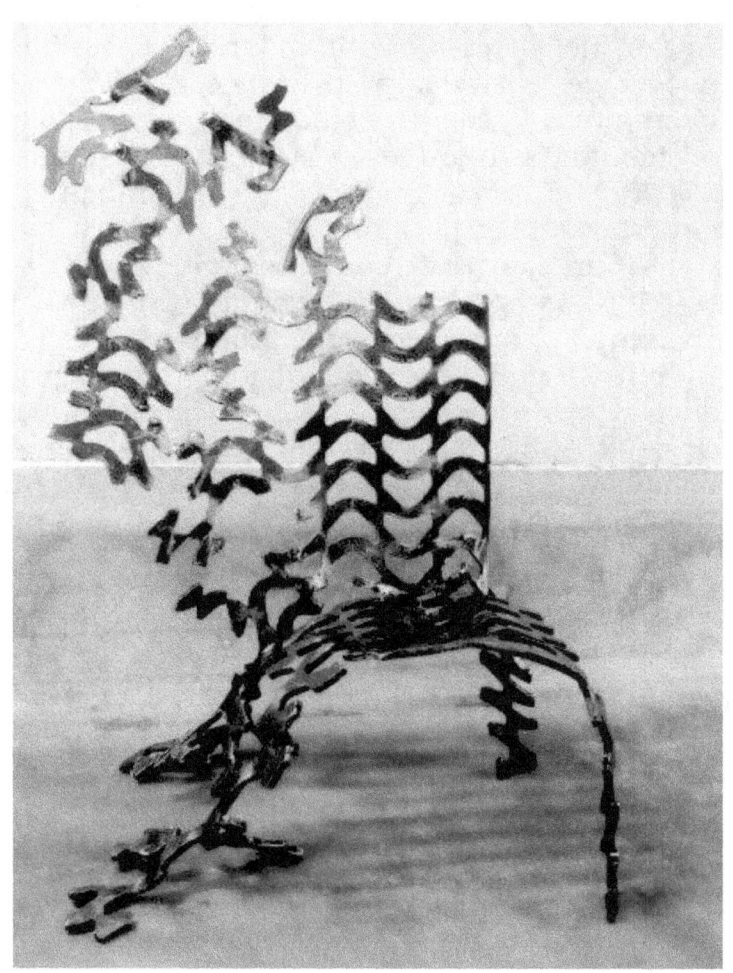

FLORENT POUJADE

A mon ennui trop habité aujourd'hui, loin du bois dormant, j'ai respiré le soir rose. Votre parfum comme une main autour me visite. Le ciel se raconte.

Ravie par votre image, l'horizon s'irise. Les cheveux piqués d'épingles se blessent à s'étirer jusqu'à vous.

La férocité de ces rencontres manquées bat dans la gorge. Et la dentelle se gonfle, les paupières rougeoient, cet or de vos étoffes me fait presque reine.

On traverse ainsi un temps si court qu'il est long de l'oublier. Les mots un instant ornent mon front en couronne de roses. Votre Verbe sans pareil qui vous fait roi sur tous les mondes.

Inquiète, seule, aux rages profondes, sur ces sentiers courts, je souffre mon pays. Dans le retour, le parfum renaît pour couvrir un nouveau souvenir. Je vous vois vous hâter de vivre, pour repaire la mémoire, les doigts tremblants de fatigue sur le papier d'un nouveau rendez-vous. Il me vient des mots étouffants, mon audace s'enlise devant la suprême espérance.
Un tapis brodé couvre votre lumière et l'univers s'étonne.

NADIA GILARD

Etrangère à ton sourire, étrangère à ta voix, étrangère à cette part de moi, qui est toi. Etrangère à moi-même, à ce monde, à ses lois. Etrangère à ce pays de soleil et de pluie. Je suis partie. J'ai quitté tes mains, ton regard dans le mien, ce couteau, cet amour, cette lame, j'ai quitté mon amour et ce pays de mer et de montagne.

Etrangère à ma vie, je
dérive
décline
broie le silence
je mords le vide
au lieu de tes lèvres
de ton corps, le mien sans tes bras.

IL AYMÉ(E) PAWLOWSKI

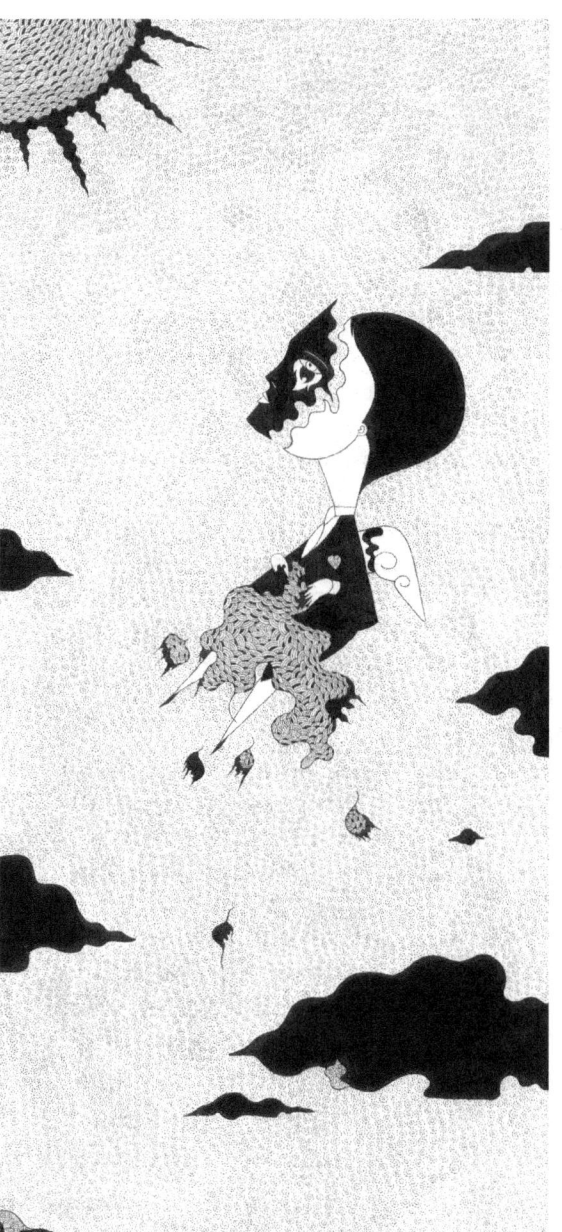

FRED LE CHEVALIER

« Du plus haut des balcons désespérer le ciel »

La hussarde

J'ai gagné la hauteur des toits pour entendre votre rumeur, comme on respire une fleur. Dans la rue je sens bruire les étoffes de votre élégant manteau et la fumée de votre cigarette dessine des rubans blancs. Immobile, l'esprit frivole, je croise mes souliers de satin devant le ciel de craie bleu sombre.

Les façades accueillent votre ombre qui glisse et s'interrompt à chacune des fenêtres. J'écorche mes bras aux tuiles rouges. Les poussières dans le soleil constellent et encadrent votre pas. Des petits points de lumière clignotent.

Par une grande et lourde porte de bois, vous entrez, troublant le récit de mon histoire. De ma hauteur, vous avez disparu.

Une raie d'or soudain redécoupe votre visage. Un chandelier à trois branches déroule le nouveau décor. Les parfums des tapisseries s'agrafent à mes narines.

Au-delà de la longue toiture, vous embrassez tout l'espace. A votre table, dans le tremblement des trois flammes, vous écrivez. La musique m'arrive cassée, en valses saisies par le froid.

J'emploie mon ivresse à vous lire. Cachée sous le grand capuchon, vous m'emportez dans la bourrasque de la bruine glacée. De la hauteur des toits, j'ai reconnu votre parole.

NADIA GILARD

YSSEL

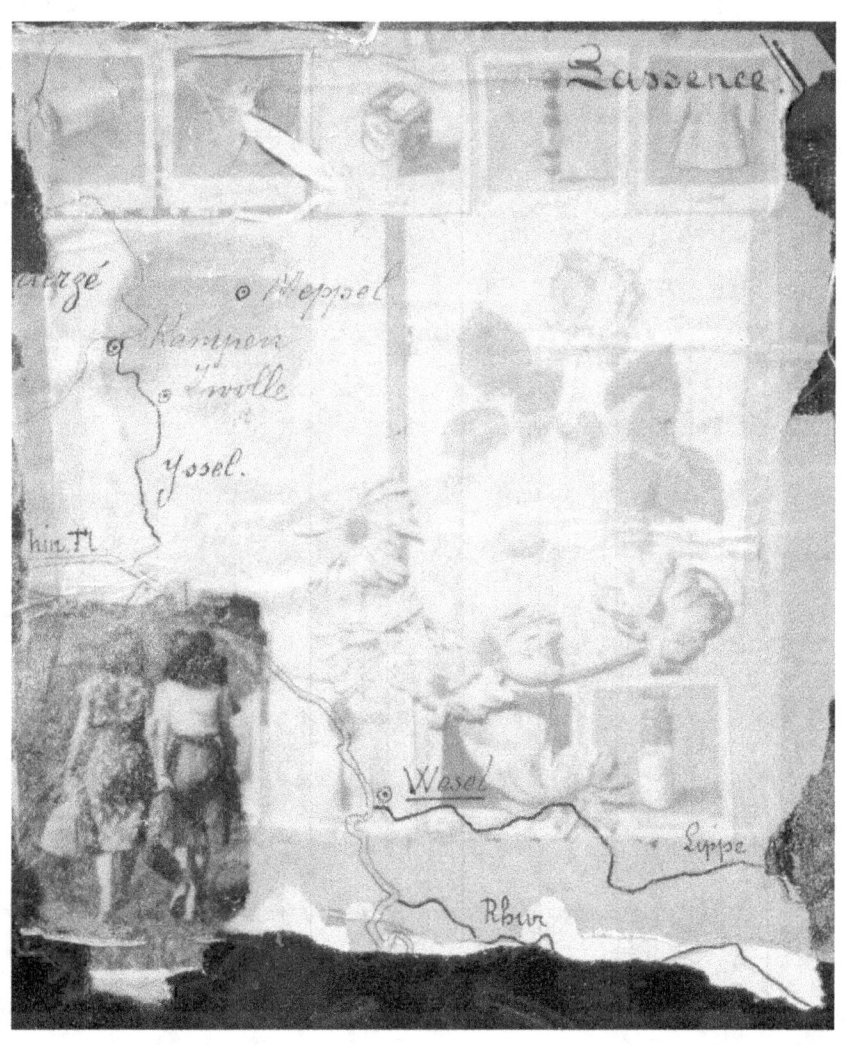

LILI PLASTICIENNE

PRINTEMPS TUNISIEN

permettez que j'ose
parler de la vie
de quelques autres choses
et de la mort aussi
enfin je me pose

pour pleurer aussi
des larmes de roses
flamboyantes / déferlantes / mordantes de colère
meurtrie
permettez que j'ose

encore aujourd'hui
permettez que j'ose
parler de la vie
il y a ce pays au-delà de la mer

il y a ce pays au Nord du Continent
ma mère parle
quelques bribes, une histoire
souvenirs d'autre temps
parfum entêtant du jasmin
piquant délicat du piment
douceur du makrout et autres zlabia Mektoub lance-t-elle par moment

Je ne comprends pas

(pas encore)

il y a ce pays déchiré entre Occident et Liberté

multiplicité des espoirs

incomplétude des territoires

Mektoub lance-t-elle par moment

Je ne comprends pas

(pas encore)

le printemps tunisien

moi c'était en été

j'essayais de comprendre

au détours des allées et a/venues Bourguiba, la Goulette

Sidi Bou Saïd, Carthage, Hammamet miroitement

scintillement Méditerranée du bleu, du blanc, et des

larmes de sang lointaine et mystérieuse Kairouan

Mektoub lance-t-elle par moment

Je ne comprends pas

(pas encore)

De barbarie je ne veux que les figues déversant leur

nectar

de justice et de liberté

toujours plus

généreusement

EMMANUELLE SARROUY

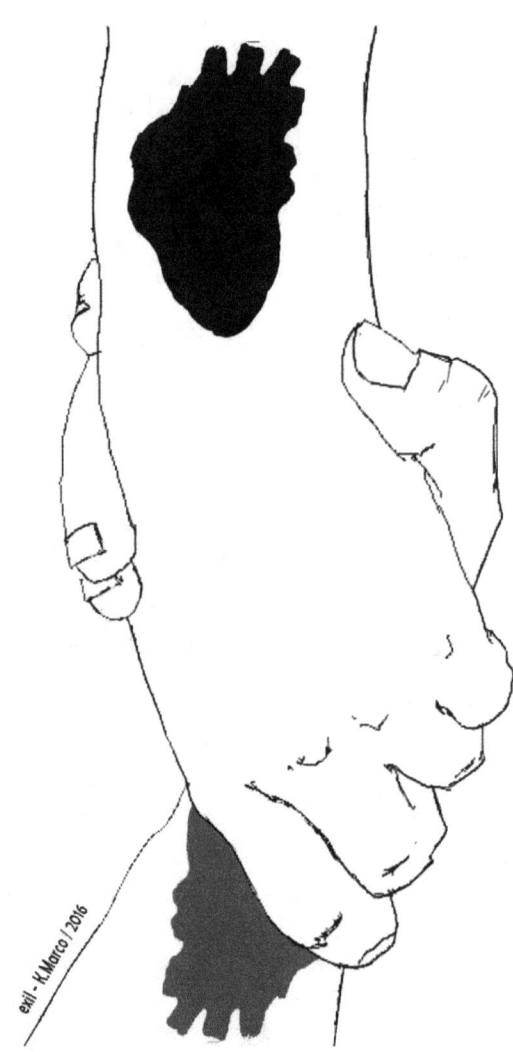

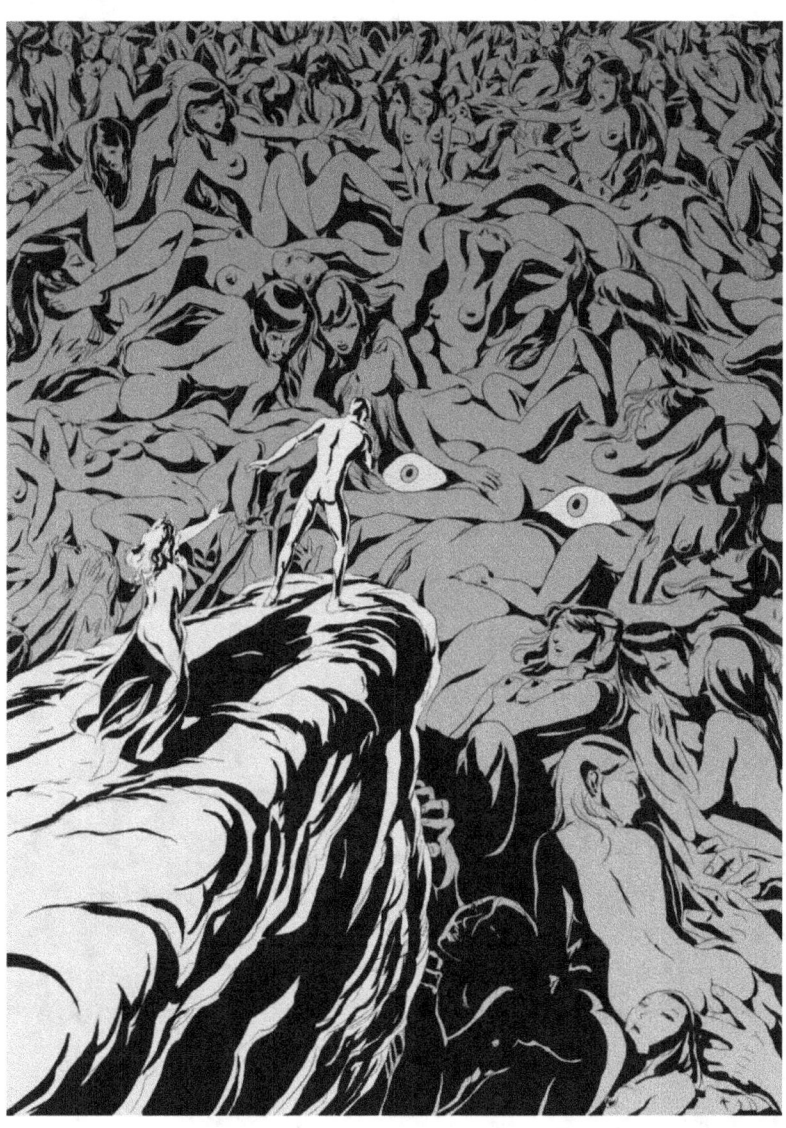

Mandarine Malvasio

Déplis
temps délié

Étoile décharnée sur la table blanche

Cuirasse carcasse
haillons de peau
défunte
dessous guipure ouverte
inerte

A côté
écorcée
fibrillée en ses lichens
nébuleuse ensorcelée
corsetée
de soies folles

Lune pleine à peine rougissante
caillée dans ses jupons de filoche

Cocon innocent
camisolé dans des résilles soi-disantes

COLETTE PRÉVOST

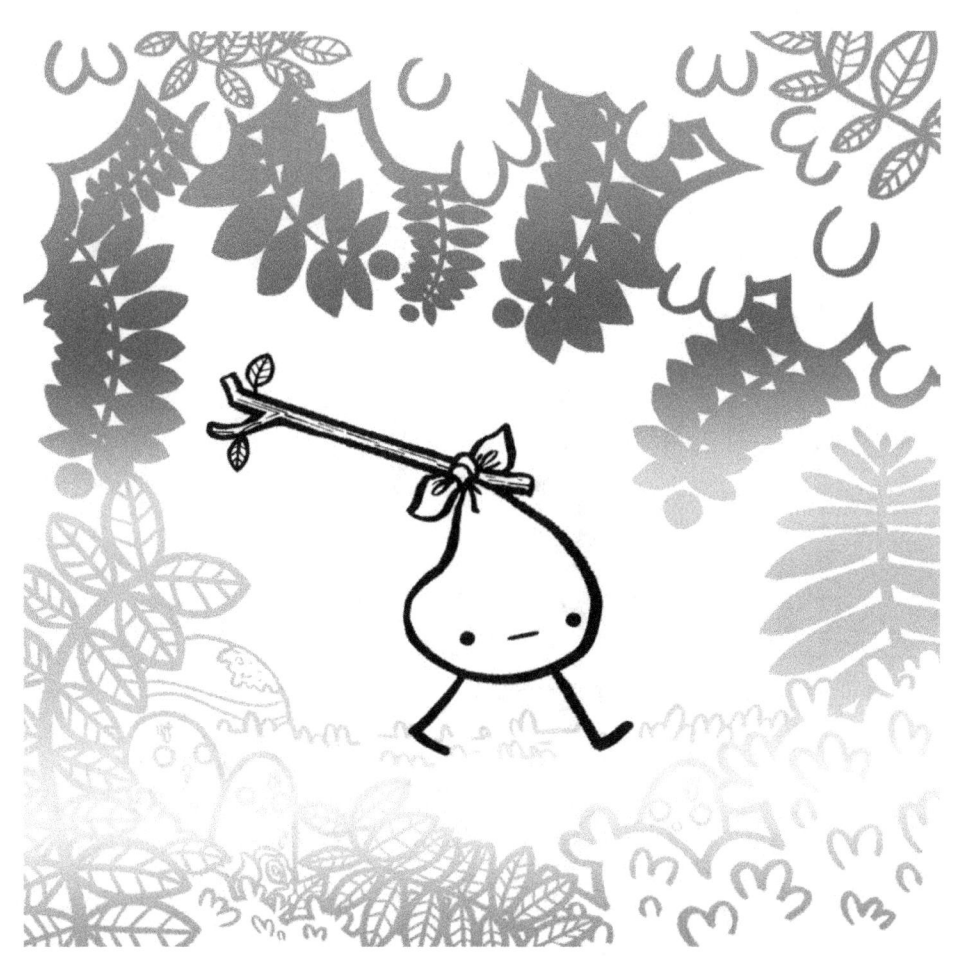

JULIE GORE

dans nos valises il n'y a rien.
il ne nous reste que nos souvenirs.

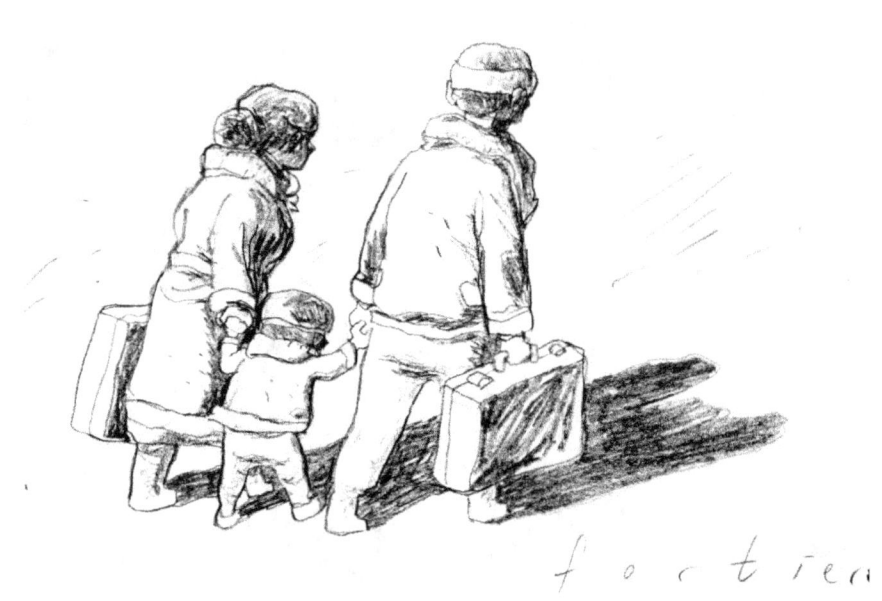

Exils.

Nos idoles de chair et de pierre.

Comme si ne pas se retourner

L'exil à pas de *loop* déjà dans la tête du poussin

Sans mâle fourrure ignifuge. Comme si se projeter, se promettre

Prendre la mer puis prendre l'eau de toutes parts dans le regard

Des détritus rentrent sur l'eau

Dans les corps béants de mort béante de s'être projetée.
D'avoir voulu un soleil cru.

Comme si cet oiseau de feu. Comme si de rien n'était...Ne fut.

Comme si rien.

SANDRINE CUZZUCOLI

DEUX EXILS

Bouches cousues

Ils sortent des pays où le sable boit le sang. Cela va vite : à moins de s'appliquer, on n'en voit rien.

Ils ont fui les pays brûlants où ne brille plus guère le soleil. Des fumées le cachent : comme il est de plomb, c'est pratique. On vit, on meurt à l'ombre douce des poussières remuées.

Incroyable ce que produisent de nuages un immeuble qui tombe, une maison qu'on abat.

Ils ont traversé des mers dans de charmantes coquilles de noix, leur plastique multicolore sur des remous d'azur... En cas de naufrage, le bleu éblouissant avale les corps d'un coup. Le bel été de l'eau n'est troublé qu'un instant.

Ceux-là dont je parle ont fini par toucher aux pays des brumes vraies, des briques qui tiennent aux maisons, des mers grises. Ils ont bâti des abris de carton. Des cabanes avec des débris, fragiles comme pour des goûters d'enfants.

Quand sont passés les bulldozers, ils ont pris du fil et des aiguilles. Leurs lèvres depuis ont la beauté des yeux de Modigliani.

Ils sont nos frères, bouches sacrifiées.

Et dans la boue leur ombre fait un signe de croix.

L'exil à Paris

à N.D

Une collection de restaurants et de cafés nocturnes
Des rendez-vous indénombrables sur des angles de place ou des recoins de trottoirs
Un quart de siècle ayant passé ce sont les mêmes lieux les mêmes soirs et la même blessure
D'un grand corps d'homme et d'une ville qui n'existe plus que par lui

Tout est rangé à sa place les feux de Paris les façades dorées de lueurs
A la Bastille l'ange perce toujours le satin poussiéreux du ciel
Face à Beaubourg une faune assise paraît sur les pavés prier une raffinerie
Et comme au temps de ma jeunesse les rues étroites du Marais allument à mi-hauteur des réverbères ouvragés
Qui font qu'on s'attend à entendre dans son dos un bruit de carrosse et le pas des chevaux
Mais plus rien n'en vaut ni la Seine roulant ses reflets de rubis
Ni les arbres du boulevard Bonne-Nouvelle qu'un rien de vent pourtant devrait faire frémir

Malgré les monuments dont la splendeur parfois fait croire qu'on vivrait au milieu d'un décor
Rien ne respire plus

OLIVIER BARBARANT

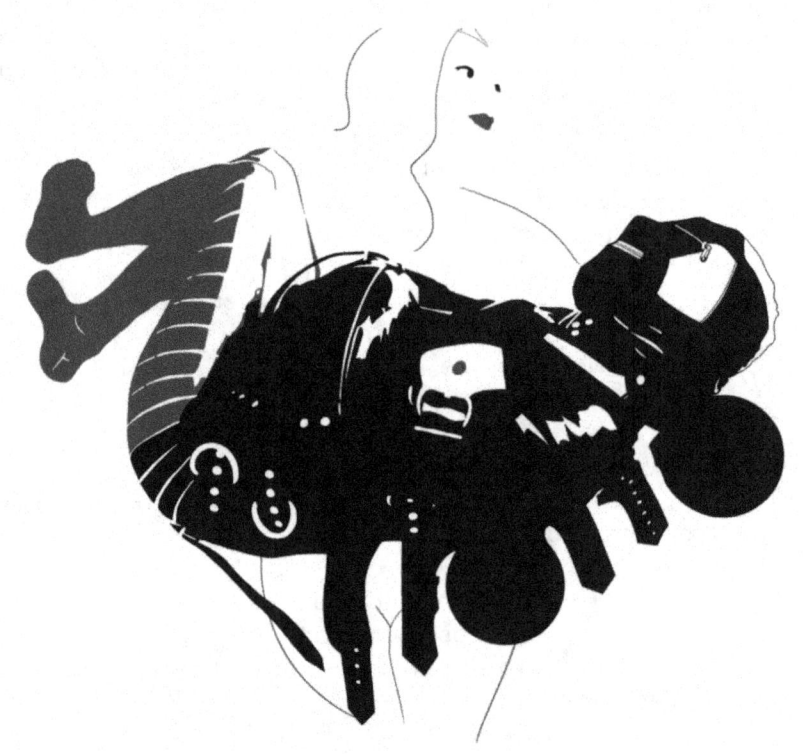

UN GRAND MERCI A

Leila Sebbar, Olivier Barbarant,
Lili Plasticienne, Julie Gore,
Olivier Ormière, Stéphane Antoni,
Muriel Carrupt, Sandrine Cuzzucoli,
K.Marco, Laurence Skivée,
Colette Prévost, Fred le Chevalier,
Florent Poujade, Il Aymé(e) Pawlowski,
Nadia Gilard, El René,
François Bertin, Cédric Fortier,
Emmanuelle Sarrouy...

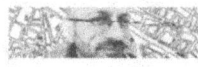

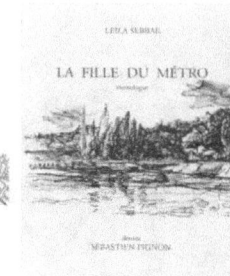
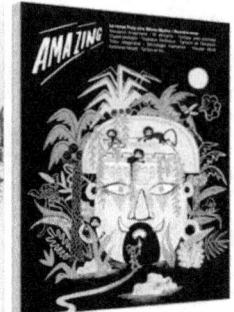
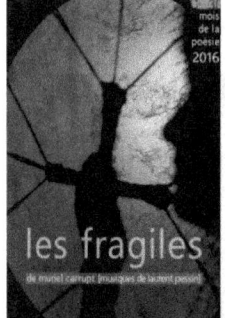
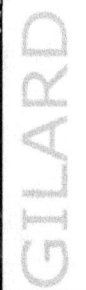
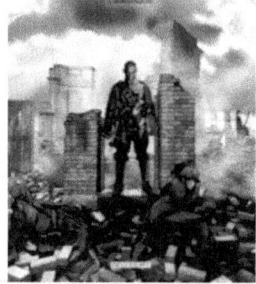
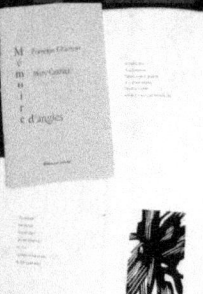
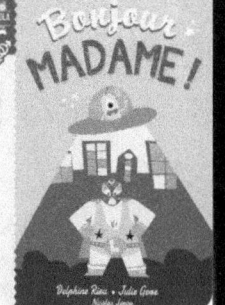
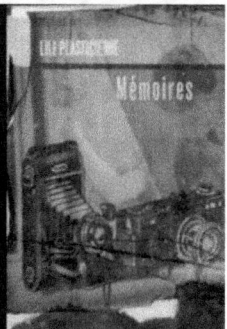

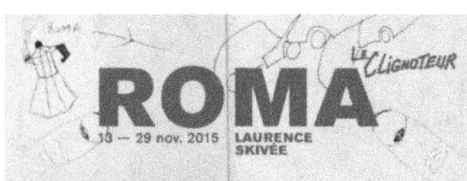
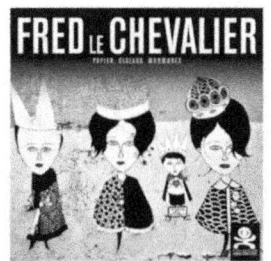
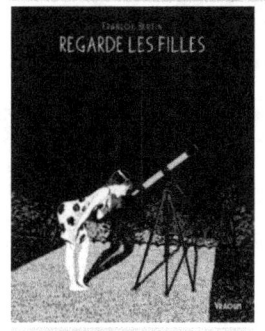
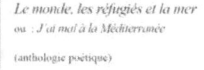
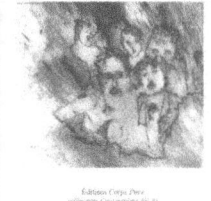
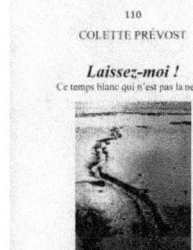
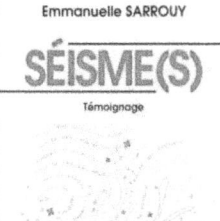
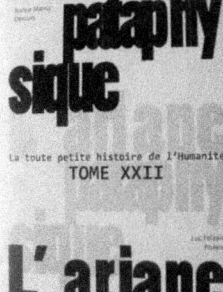

« 40. Quelle est donc cette marée sans cause dont l'onde amère inonde l'âme acérée de Rrose ? »

Robert Desnos
Corps et biens

Contact : nadjagil11@aol.com
https://www.facebook.com/RroseSelavyrevue/

© 2016, Nadia Gilard

Edition : BoD - Books on Demand
12/14 rond-point des Champs Elysées, 75008 Paris
Impression : Books on Demand GmbH, Norderstedt, Allemagne
ISBN : 9782322076246
Dépôt légal : April 2016